Spiel und Spaß
mit der Blockflöte

Die schönsten Volks- und Kinderlieder
für Altblockflöte
(wahlweise mit 2. Stimme)

sehr leicht bearbeitet von
Hans und Marianne Magolt

Illustrationen: Christa Estenfeld-Kropp

ED 9241
ISMN M-001-12831-5

ED 9241-50 (mit CD)
ISMN M-001-12832-2

SCHOTT

Mainz · London · Madrid · New York · Paris · Tokyo · Toronto

© 2000 Schott Musik International GmbH & Co. KG, Mainz · Printed in Germany

Inhalt

1. Alle Vögel sind schon da

Volkslied
Text: Hoffmann von Fallersleben

Al - le Vö - gel sind schon da, al - le Vö - gel,

al - le! Welch ein Sin - gen, Mu - si - zier'n,

Pfei - fen, Zwit - schern, Ti - ri - lier'n, Früh - ling will nun

ein - mar - schier'n, kommt mit Sang und Schal - le.

2. Wie sie alle lustig sind, flink und froh sich regen!
Amsel, Drossel, Fink und Star, und die ganze Vogelschar,
wünschet dir ein frohes Jahr, lauter Heil und Segen.

3. Was sie uns verkündet nun, nehmen wir zu Herzen:
Wir auch wollen lustig sein, lustig wie die Vögelein,
hier und dort, feldaus, feldein, singen, springen, scherzen.

2. Abendlied

Aus dem Odenwald

Nun wol-len wir sin-gen das A - bend - lied und be-ten, dass Gott uns be-hüt.

2. Es weinen viel Augen wohl jegliche Nacht,
   bis morgen die Sonne erwacht.

3. Dass Gott uns behüt, bis die Nacht vergeht,
   kommt, singet das Abendgebet.

3. Bruder Jakob

Kanon

Bru-der Ja-kob, Bru-der Ja-kob, schläfst du noch? Schläfst du noch? Hörst du nicht die Glo-cken? Hörst du nicht die Glo-cken? Ding, dang, dong, ding, dang, dong.

4. Bunt sind schon die Wälder

Johann Friedrich Reichardt

Bunt sind schon die Wäl - der, gelb die Stop - pel - fel - der,

und der Herbst be - ginnt. Ro - te Blät - ter fal - len,

grau - e Ne - bel wal - len, küh - ler weht der Wind.

2. Flinke Träger springen, und die Mädchen singen, alles jubelt froh!
   Bunte Bänder schweben zwischen hohen Reben auf dem Hut von Stroh.

3. Geige tönt und Flöte bei der Abendröte und im Mondesglanz;
   junge Winzerinnen winken und beginnen frohen Erntetanz.

5. Das Wandern ist des Müllers Lust

C. Fr. Zöllner
Text: W. Müller

Das Wan - dern ist des Mül - lers Lust, das Wan - dern ist des Mül - lers Lust, das Wan - dern! Das _ muss ein schlech - ter _ Mül - ler sein, dem _ nie - mals fiel _ das Wan - dern ein, dem nie - mals fiel das Wan - dern ein, das Wan - - dern, das Wan - - dern, das Wan - - - dern, das Wan - - - dern, das Wan - dern!

2. |: Vom Wasser haben wir gelernt, :| vom Wasser!
   Das hat nicht Ruh' bei Tag und Nacht,
   |: ist stets auf Wanderschaft bedacht, :|: das Wasser. :|

3. |: O Wandern, Wandern meine Lust, :| o Wandern!
   Herr Meister und Frau Meisterin,
   |: lasst mich in Frieden weiterziehn :|: und wandern! :|

6. Der Kuckuck und der Esel

K. Fr. Zelter

Der Ku-ckuck und der E-sel, die hat-ten gro-ßen

Streit, wer _ wohl am be-sten sän - ge, wer _ wohl am be-sten

sän - ge zur schö-nen Mai-en - zeit, ____ zur schö-nen Mai-en - zeit.

2. Der Kuckuck sprach: „Das kann ich!"
und hub gleich an zu schrei'n.
„Ich aber kann es besser,
ich aber kann es besser!"
fiel gleich der Esel ein,
fiel gleich der Esel ein.

3. Das klang so schön und lieblich,
so schön von fern und nah;
sie sangen alle beide,
sie sangen alle beide:
„Kuckuck! Kuckuck! I-a!
Kuckuck! Kuckuck! I-a!"

7. Der Mai ist gekommen

Justus Wilhelm Lyra
Text: E. Geibel

Der _ Mai ist ge-kom-men, die Bäu-me schla-gen aus;
da _ blei-be, wer Lust hat, mit Sor - gen zu Haus!

Wie die Wol-ken dort wan-dern am himm-li - schen Zelt, so _

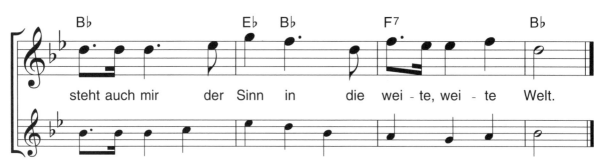

steht auch mir der Sinn in die wei - te, wei - te Welt.

2. O Wandern, o Wandern, du freie Burschenlust,
   da wehet Gottes Odem so frisch in die Brust;
   da singet und jauchzet das Herz zum Himmelszelt:
   wie bist du doch so schön, o du weite, weite Welt.

8. Der Mond ist aufgegangen

J. A. P. Schulz
Text: M. Claudius

Der Mond ist auf-ge-gan - gen, die gold-nen Stern-lein pran - gen am

Him-mel hell und klar; der Wald steht schwarz und schwei - get, und

aus den Wie-sen stei - get der wei - ße Ne-bel wun-der-bar.

2. Wie ist die Welt so stille, und in der Dämmrung Hülle so traulich und so hold,
   als eine stille Kammer, wo ihr des Tages Jammer verschlafen und vergessen sollt.

3. Seht ihr den Mond dort stehen? Er ist nur halb zu sehen und ist doch rund und schön.
   So sind wohl manche Sachen, die wir getrost belachen, weil unsre Augen sie nicht sehn!

4. So legt euch denn, ihr Brüder, in Gottes Namen nieder! Kalt ist der Abendhauch.
   Verschon uns, Gott, mit Strafen, und lass uns ruhig schlafen und unsern kranken Nachbar auch!

9. Die Gedanken sind frei

Volkslied 18. Jahrhundert

Die Ge-dan-ken sind frei, wer kann sie er-ra-ten, sie flie-hen vor-

- bei wie nächt-li-che Schat-ten. Kein Mensch kann sie wis-sen, kein

Jä-ger er-schie-ßen, es blei-bet da-bei: die Ge-dan-ken sind frei!

2. Ich denke, was ich will, und was mich beglücket,
   doch alles in der Still, und wie es sich schicket.
   Mein Wunsch und Begehren kann niemand verwehren,
   es bleibet dabei: die Gedanken sind frei.

3. Drum will ich auf immer den Sorgen entsagen
   und will mich auch nimmer mit Grillen mehr plagen.
   Man kann ja im Herzen stets lachen und scherzen
   und denken dabei: die Gedanken sind frei.

10. Dornröschen war ein schönes Kind

Dorn - rös - chen war ein schö - nes Kind, schö - nes Kind,

schö - nes Kind, Dorn - rös - chen war ein schö - nes Kind, schö - nes Kind.

2. Dornröschen nimm dich ja in acht, |: ja in acht, :|
   Dornröschen nimm dich ja in acht, ja in acht.

3. Da kam die böse Fee herein, |: Fee herein, :|
   da kam die böse Fee herein und rief ihr zu:

4. „Dornröschen schlafe hundert Jahr, |: hundert Jahr, :|
   Dornröschen schlafe hundert Jahr und alle mit."

5. Und eine Hecke riesengroß, |: riesengroß, :|
   und eine Hecke riesengroß umgab das Schloss.

6. Da kam ein junger Königssohn, |: Königssohn :|
   da kam ein junger Königssohn und sprach zu ihr:

7. „Dornröschen, holdes Mägdelein, |: Mägdelein :|
   Dornröschen, holdes Mägdelein, nun wache auf!"

8. Dornröschen wachte wieder auf, |: wieder auf :|
   Dornröschen macht der Königssohn zur Königin.

9. Sie feierten ein großes Fest, |: großes Fest :|
   sie feierten ein großes Fest: das Hochzeitsfest.

10. Und alle freuten herzlich sich, |: herzlich sich :|
    es freute sich auch herzlich mit das ganze Land.

11. Ein Jäger aus Kurpfalz

Volkslied

Ein Jä - ger aus Kur - pfalz, der rei - tet durch den

grü - nen Wald und schießt das Wild da - her, gleich wie es ihm ge -

- fällt. 1.-3. Ju - ja, ju - ja, gar lu - stig ist die

Jä - ge - rei all - hier auf grü - ner Heid, all - hier auf grü - ner Heid.

2. Auf, sattelt mir mein Pferd und legt darauf den Mantelsack,
   so reit ich hin und her als Jäger aus Kurpfalz.
   Juja, juja...

3. Jetzt geh ich nicht mehr heim, bis dass der Kuckuck Kuckuck schreit,
   er schreit die ganze Nacht allhier auf grüner Heid.
   Juja, juja...

12. Ein Männlein steht im Walde

Volkslied
Text: Hoffmann von Fallersleben

Ein Männ-lein steht im Wal - de ganz still und stumm,
es hat von lau - ter Pur - pur ein Mänt - lein um.

Sagt, wer mag das Männ-lein sein, das da steht im Wald al - lein

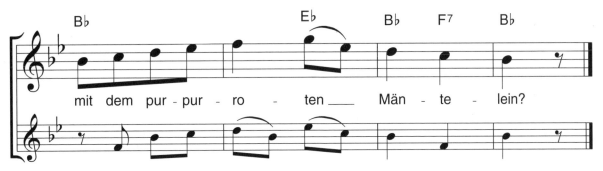

mit dem pur - pur - ro - ten ____ Män - te - lein?

2. Das Männlein steht im Walde auf einem Bein,
   es hat auf seinem Haupte schwarz' Käpplein klein.
   Sagt, wer mag das Männlein sein,
   das da steht im Wald allein,
   mit dem kleinen, schwarzen Käppelein?

13. Ein Vogel wollte Hochzeit machen

Volkslied

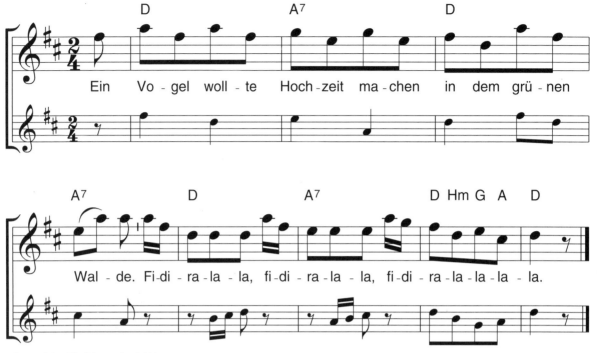

2. Die Drossel war der Bräutigam, die Amsel war die Braute. Fidiralala...
3. Die Lerche, die Lerche, die führt die Braut zur Kerche.
4. Der Auerhahn, der Auerhahn, der war der würdige Kaplan.
5. Die Meise, die Meise, die sang das Kyrieleise.
6. Die Gänse und die Anten, das war'n die Musikanten.
7. Der Pfau mit seinem bunten Schwanz macht mit der Braut den ersten Tanz.
8. Der Seidenschwanz, der Seidenschwanz, der sang das Lied vom Jungfernkranz.
9. Die Puten, die Puten, die machten breite Schnuten.
10. Brautmutter war die Eule, nahm Abschied mit Geheule.
11. Das Finkelein, das Finkelein, das führt die Braut ins Kämmerlein.
12. Der Uhuhu, der Uhuhu, der macht die Fensterläden zu.
13. Der Hahn, der krähet: „Gute Nacht!", da wird die Lampe ausgemacht.

14. Es tanzt ein Bi-Ba-Butzemann

Aus Thüringen

Es tanzt ein Bi - Ba - But - ze - mann in un - serm Haus he -

- rum di - del-dum, es tanzt ein Bi - Ba - But - ze - mann in un -serm Haus he -

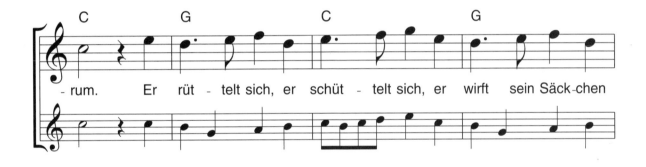

- rum. Er rüt - telt sich, er schüt - telt sich, er wirft sein Säck-chen

hin - ter sich. Es tanzt ein Bi - Ba - But - ze - mann in un - serm Haus her - um.

15. Fuchs, du hast die Gans gestohlen

E. Anschütz

Fuchs, du hast die Gans ge-stoh-len, gib sie wie-der her,

gib sie wie-der her, sonst wird dich der Jä-ger ho-len mit dem Schieß-ge-

- wehr, ___ sonst wird dich der Jä-ger ho-len mit dem Schieß-ge-wehr.

2. Seine große, lange Flinte schießt auf dich den Schrot,
   schießt auf dich den Schrot,
   |: dass dich färbt die rote Tinte und dann bist du tot. :|

3. Liebes Füchslein, lass dir raten, sei doch nur kein Dieb!
   Sei doch nur kein Dieb!
   |: Nimm, du brauchst nicht Gänsebraten, mit der Maus vorlieb! :|

16. Guten Abend, gut' Nacht

Johannes Brahms

Gu-ten A-bend, gut' Nacht, mit __ Ro-sen be-

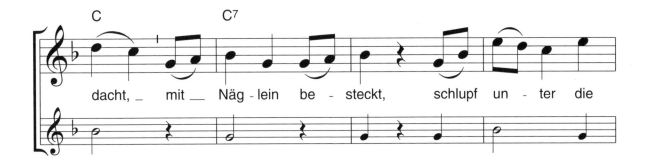

dacht, __ mit __ Näg-lein be-steckt, schlupf un-ter die

Deck. Mor-gen früh, wenn Gott will, wirst du wie-der ge-

weckt, mor-gen früh, wenn Gott will, wirst du wie-der ge-weckt.

2. Guten Abend, gut' Nacht, von Englein bewacht,
die zeigen im Traum dir Christkindleins Baum.
ǀ: Schlaf nun selig und süß,
schau im Traum's Paradies. :ǀ

17. Hänsel und Gretel

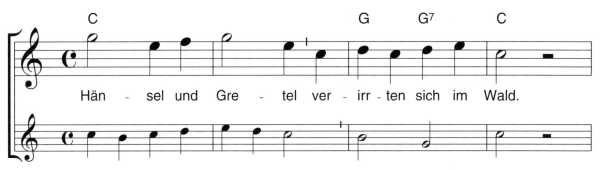

Hän - sel und Gre - tel ver - irr - ten sich im Wald.

Es war so fin - ster und auch so bit - ter kalt. Sie

ka - men an ein Häus - chen von Pfef - fer - ku - chen fein.

Wer mag der Herr wohl von die - sem Häus - chen sein?

2. Hu, hu, da schaut eine alte Hexe raus!
   Sie lockt die Kinder ins Pfefferkuchenhaus.
   Sie stellte sich gar freundlich. O Hänsel, welche Not!
   Sie will dich braten im Ofen braun wie Brot.

3. Als nun die Hexe zum Ofen schaut hinein,
   wird sie gestoßen von unserem Gretelein.
   Die Hexe, die muss braten, die Kinder gehn nach Haus.
   Nun ist das Märchen von Hans und Gretel aus.

18. Horch, was kommt von draußen rein

Volkslied aus Schwaben

Horch, was kommt von drau-ßen rein? Hol - la - hi, ho - la - ho!
Wird wohl mein Feins-lieb-chen sein, hol -la - hi - a - ho! Geht vor-
- bei und schaut nicht rein? Hol - la - hi, hol - la - ho!
Wird's wohl nicht ge - we -sen sein, hol - la - hi - a - ho! _____

2. Leute haben's oft gesagt,
was ich für ein Liebchen hab'!
Lass sie reden, schweig fein still,
kann ja lieben, wen ich will!

3. Wenn mein Liebchen Hochzeit hat,
ist für mich ein Trauertag.
Geh' dann in mein Kämmerlein,
trag' den Schmerz für mich allein.

4. Wenn ich mal gestorben bin,
trägt man mich zum Friedhof hin.
Setzt mir einen Leichenstein,
Rosen und Vergissnichtmein.

19. Im Frühtau zu Berge

Schwedische Volksweise

Im Früh - tau zu Ber - ge wir gehn, fal - le - ra, so

grün wie Sma-rag-de sind die Höhn, fal - le - ra. Wir wan-dern oh-ne Sor-gen

sin-gend in den Mor - gen, be - vor noch im Ta - le die Häh - ne krähn.

2. Ihr alten und so klugen Leut, fallera,
   ihr denkt wohl, wir wären nicht gescheit, fallera?
   Wer sollte aber singen, wenn wir schon Grillen fingen
   in dieser so herrlichen Frühlingszeit?

3. Werft ab alle Sorge und Qual, fallera,
   kommt mit auf die Höhen aus dem Tal, fallera!
   Wir sind hinausgegangen, den Sonnenschein zu fangen,
   kommt mit uns, versucht es auch selbst einmal!

20. Jetzt fahrn wir übern See

Böhmische Volksweise

Jetzt fahrn wir ü-bern See, ü-bern See, jetzt fahrn wir ü-bern *) See,

mit ei-ner höl-zern Wur - zel, Wur-zel, Wur-zel, Wur - zel, mit

ei - ner höl-zern Wur - zel, kein Ru - der war nicht *) dran.

*) Wer in diese Pause hineinplatzt, zahlt ein Pfand

2. |: Und als wir drüben warn, drüben warn, und als wir drüben :| (warn),
   |: da sangen alle Vöglein, Vöglein, Vöglein, Vöglein, da sangen alle Vöglein,
   der helle Tag brach :| (an).

3. |: Der Jäger blies ins Horn, in das Horn, der Jäger blies ins :| (Horn),
   |: Da bliesen alle Jäger, Jäger, Jäger, Jäger, da bliesen alle Jäger,
   ein jeder in sein :| (Horn).

4. |: Das Liedlein, das ist aus, wieder aus, das Liedlein, das ist :| (aus),
   |: Und wer das Lied nicht singen kann, singen, singen, singen kann,
   der zahl ein halb Fass :| (Wein).

21. Kein schöner Land in dieser Zeit

A. W. von Zuccalmaglio

Kein schö-ner Land in die-ser Zeit, als hier das uns-re weit und breit, wo wir uns fin - den wohl un -ter Lin - den zur A-bend- -zeit, wo wir uns fin - den wohl un -ter Lin - den zur A-bend-zeit.

2. Da haben wir so manche Stund'
gesessen da in froher Rund'
| : und taten singen,
die Lieder klingen
im Talesgrund. :|

3. Dass wir uns hier in diesem Tal
noch treffen so viel hundertmal,
| : Gott mag es schenken,
Gott mag es lenken,
er hat die Gnad'. :|

4. Jetzt, Brüder, eine gute Nacht!
Der Herr im hohen Himmel wacht!
| : In seiner Güte
uns zu behüten,
ist er bedacht. :|

22. Kommt ein Vogel geflogen

W. Müller

Kommt ein Vo-gel ge-flo-gen, setzt sich nie-der auf mein' Fuß, hat ein' Zet-tel im Schna-bel, von der Mut-ter ein' Gruß.

2. Lieber Vogel, fliege weiter,
   nimm ein' Gruß mit und ein' Kuss,
   denn ich kann dich nicht begleiten,
   weil ich hierbleiben muss.

23. Kuckuck, Kuckuck

Voksweise
Text: Hoffmann von Fallersleben

„Ku-ckuck, Ku-ckuck," ruft's aus dem Wald. Las-set uns sin - gen,

tan-zen und sprin-gen! Früh - ling, Früh - ling wird es nun bald!

2. Kuckuck, Kuckuck lässt nicht sein Schrei'n,
   „komm' in die Felder, Wiesen und Wälder!
   Frühling, Frühling, stelle dich ein!"

3. Kuckuck, Kuckuck, trefflicher Held!
   Was du gesungen, ist dir gelungen,
   Winter, Winter räumet das Feld.

24. Schneeflöckchen, Weißröckchen

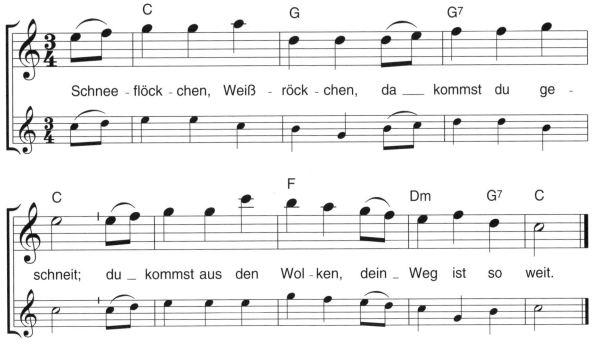

Schnee - flöck - chen, Weiß - röck - chen, da ___ kommst du ge -
schneit; du _ kommst aus den Wol - ken, dein _ Weg ist so weit.

2. Komm, setz dich ans Fenster, du lieblicher Stern;
   malst Blumen und Blätter, wir haben dich gern.

3. Schneeflöckchen, du deckst uns die Blümelein zu,
   dann schlafen sie sicher, in himmlischer Ruh.

25. Summ, summ, summ

aus Böhmen
Text: Hoffmann von Fallersleben

Summ, summ, summ! Bien-chen, summ her - um!

Ei, wir tun dir nichts zu - lei - de, flieg nur aus in Wald und Hei - de!

Summ, summ, summ! Bien-chen, summ her - um!

2. Summ, summ, summ! Bienchen summ herum!
Such' in Blumen, such' in Blümchen,
dir ein Tröpfchen, dir ein Krümchen!
Summ, summ, summ! Bienchen summ herum!

3. Summ, summ, summ! Bienchen summ herum!
Kehre heim mit reicher Habe,
bau uns manche volle Wabe!
Summ, summ, summ! Bienchen summ herum!

26. Suse, liebe Suse

Su - se, lie-be Su-se, was ra-schelt im Stroh? Das sind die lie-ben

Gäns-chen, die ha-ben kein' Schuh. Der Schu-ster hat Le - der, kein

Lei-sten da - zu, drum gehn die lie-ben Gäns-chen und ha-ben kein' Schuh.

27. Wenn die bunten Fahnen wehen

Text und Melodie: Alfred Zschiesche

2. Sonnenschein ist unsre Wonne,
wie er lacht am lichten Tag!
doch es geht auch ohne Sonne,
wenn sie mal nicht scheinen mag.
Blasen die Stürme,
brausen die Wellen,
singen wir mit dem
Sturm unser Lied.

3. Hei, die wilden Wandervögel
ziehen wieder durch die Nacht!
Singen ihre alten Lieder,
dass die Welt vom Schlaf erwacht.
Kommt dann der Morgen,
sind wir schon weiter,
über die Berge,
wer weiß, wohin.

4. Wo die blauen Gipfel ragen,
lockt so mancher steile Pfad.
Immer vorwärts, ohne Zagen,
bald sind wir dem Ziel genaht.
Schneefelder blinken,
schimmern von ferne her,
Lande versinken
im Wolkenmeer.

28. Wenn ich ein Vöglein wär

Volkslied

Wenn ich ein Vög - lein wär und auch zwei Flü - gel hätt,

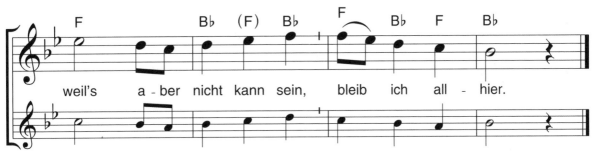

flög ich zu dir. Weil's a - ber nicht kann sein,

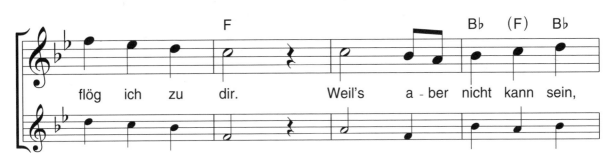

weil's a - ber nicht kann sein, bleib ich all - hier.

2. Bin ich gleich weit von dir,
   bin doch im Schlaf bei dir
   und red' mit dir.
   |: Wenn ich erwachen tu, :|
   bin ich allein.

3. Es gibt kein' Stund' zur Nacht,
   da nicht mein Herz erwacht
   und an dich denkt,
   |: wie du mir tausendmal :|
   dein Herz geschenkt.

29. Wer hat die schönsten Schäfchen

Johann Friedrich Reichardt
Text: Hoffmann von Fallersleben

Wer hat die schön-sten Schäf-chen? Die hat der gold-ne Mond, der

hin-ter un-sern Bäu-men am Him-mel dro-ben wohnt.

2. Er kommt am späten Abend,
wenn alles schlafen will,
hervor aus seinem Hause
zum Himmel leis' und still.

3. Dann weidet er die Schäfchen
auf seiner blauen Flur,
denn all' die weißen Sterne
sind seine Schäfchen nur.

4. Sie tun uns nichts zu Leide
hat eins das and're gern,
und Schwestern sind und Brüder
da droben Stern an Stern.

5. Und soll ich dir eins bringen,
so darfst du niemals schrei'n,
mußt freundlich wie die Schäfchen
und wie ihr Schäfer sein.

30. Widele, wedele

Schwäbisches Volkslied

2. Widele, wedele, hinterm Städtele hält der Bettelmann Hochzeit.
   Pfeift das Mäusele, tanzt das Läusele, schlägt das Igele Trommel.

3. Widele, wedele, hinterm Städtele hält der Bettelmann Hochzeit.
   Wind mer a Kränzele, tanz mer a Tänzele, lass mer das Geigele singe.

31. Winter, ade

Volkslied
Text: Hoffmann von Fallersleben

Win-ter, a - de! Schei-den tut weh! A -ber dein Schei-den macht,

dass mir das Her-ze_ lacht. Win-ter, a - de! Schei-den tut weh!

© 2000 Schott Musik International, Mainz

2. Winter, ade!
   Scheiden tut weh.
   Gerne vergess' ich dein,
   kannst immer ferne sein!
   Winter, ade!
   Scheiden tut weh.

3. Winter, ade!
   Scheiden tut weh.
   Gehst du nicht bald nach Haus,
   Lacht dich der Kuckuck aus.
   Winter, ade!
   Scheiden tut weh.

Schott Musik International, Mainz 50 011

32